मतङ्ग के कान्हा

मतङ्ग की कविताएं, भाग-चार

(काव्य संग्रह)

डॉ. आर. के. तिवारी "मतङ्ग"

PG PUBLICATION

दिल्ली-110089, (भारत)

प्रथम संस्करण : 2021

ISBN : 978-93-90889-82-2

मूल्य : 175/-

आवरण : ज्योति

मतङ्ग के कान्हा
डॉ. आर. के. तिवारी "मतङ्ग"

Matang ke kanha
Dr. Rajendra Kumar Tiwari

Published by

PRAKHAR GOONJ PUBLICATION

H-3/2, Sector-18, Rohini, Delhi-110089

Email : prakhargoonj@gmail.com

sinha.neelu123@gmail.com

Ph. : 7982710571, 7838505899, 011-42635077

web : prakhargoonjpublications.com

समर्पण

माता स्व. श्रीमती कलावती देवी एवं
पिता स्व. श्री दीनानाथ तिवारी जी के चरणों में सादर समर्पित।

दो शब्द

"**मतङ्ग के कान्हा**" पुस्तक, डॉ आर.के.तिवारी "**मतङ्ग**" द्वारा भगवान श्री कृष्ण के भक्ति भाव से ओत-प्रोत रचनाओं द्वारा सुसज्जित है। एक से बढ़कर एक मनमोहक, मार्मिक रचनाएं इसमें करीने से रखी गईं हैं। कुछ रचनाओं से ऐसा लगता है कि लेखक पूर्णतया कृष्णमय हो चुका है। मैं एस. के. ओझा, संपादक, पारस न्यूज, भगवान श्री राधे-कृष्ण को प्रणाम करते हुए पुस्तक के उज्ज्वल भविष्य की कामना करता हूँ।

एस. के. ओझा
संपादक,
पारस न्यूज

अनुक्रमणिका

आज मेरी राह में

आज मेरी राह में
मेरे 'खुदा' का घर आया
मुझको लगता है जैसे
मैं वहीं बिखर आया

कहूँ राधा या फिर कृष्णा
ये दोनों एक ही तो हैं
न रखूँ मैं वहम बिल्कुल
उन्हें बेखौफ कह आया

जुस्तुजूँ मेरी थी प्यारे
रहूँ मैं सजदे में उनके
खुदा की राह में
रोते हुए बाहर निकल आया

वक्त पाते ही मैंने जा तुरत
कान्हा को था पकड़ा
उन्हें अपने भी घर का मैं
पता लिखकर के दे आया

बता आया कि आ जाना
अगर मिलना हो गर मुझसे
मैं तो आशिक हूँ तेरा
दरबदर हो क्यों करूँ जाया

वो मेरा इश्क है, सुकूँ है
खुदा भी है वो मेरा भी
बिठाए दिल में जालिम को
मैं अपने घर चला आया

रे कान्हा अब तू ही आजा

रे कान्हा अब तू ही आजा
निज **मतङ्ग** के द्वार
मत कर प्यारे नंद दुलारे
मुझ पर अत्याचार

माना कि मैं निम्न बहुत हूँ
कर्म धर्म अनुसार
तू भी तो है चोर उचक्का
माखन उचक उतार

सबसे बड़ा तू चोर कन्हैया
दिल ले गया निकार
बिना हृदय मैं तड़प रहा हूँ
जीवन लगे उधार

राधा मिलें तो तेरी शिकायत
करूँगा जी भर यार
कहूँगा दिल की बात मैं उनसे
परत की परत उघार

आजा अब चुपचाप चला आ
बिनती करूँ पुकार
रहूँ न रहूँ पल दो पल अब
सुन ले मेरी पुकार

इतरायेगा न आएगा
तो न रखूँ उधार
भूखा रह जाएगा प्यारे
रूठ जाएगा प्यार

आजा कुछ तो खिला दूँ तुझको
रोटी संग अँचार
गर न रहा तो कौन करेगा
तुझको इतना प्यार

रे कान्हा तेरे द्वार पे

रे कान्हा तेरे द्वार पे
खड़ा **मतंग** अनाथ
गर तू दीनानाथ है
ले ले मुझको साथ
ले ले मुझको साथ
अगर तुझे शरम न आये
ऊँच-नीच से तू प्यारे
गर न घबराए
मैं हूँ निपट गरीब
मगर हूँ मैं दिलवाला
तुझको भी सब कहते
काली कमली वाला
मुझे छिपा ले उस कमली में
जो काली है
काला कर्म हमारा
नीयत भी काली है
खूब जमेगी मेरी तेरी
उस कमली की
इक कंधे पर मैं
दूजे काली कमली री
हे कान्हा मैं राज तेरा
दिल में रखूँगा
कभी किसी से कहीं नहीं
मतलब रखूँगा
निश-दिन तेरी राह तकूँगा
हे बनवारी
तेरे रस दिन-रात पगूँगा
हे गिरिधारी
न जा पाऊँ दूर मैं तुझसे
रखना मुझको साथ
माँ-बापू भी छोड़ गए रे
कौन गहे मेरा हाथ

हे प्रभु करो सनाथ

हे प्रभु करो सनाथ
खड़ा हूँ तेरे द्वारे
हे प्रभु दीनानाथ
उठा लो निज बहियाँ रे

माना कि मैं हूँ अधम
मलिन हूँ हे त्रिपुरारी
गलती क्या मेरी
तेरी ही रचना सारी

अब क्यों मोड़ रहा मुख
मुझसे करे बेरुखी
गलती तो तेरी ही है
दे जन्म क्यों दुःखी

गर तू मुझे उठा ले
तुझे मैं तारनहार कहूँगा
वरना तो मैं तुझको
तेरी सत्ता को बेकार कहूँगा

अरे है हिम्मत तो आजा
उठा ले मुझको प्यारे
खेल ले मुझसे भी तू
अब गल बहियाँ रे

आया समय निकट अब
मैं भी जाना चाहूँ
आजाना हो फुर्सत
दोषी न कहना रे

फिर भी गर हो व्यस्त
पकड़ अपनी दुनियाँ रे
जल्दी मुझे भी जाने की
दूजी दुनियाँ रे

तू राधे का कृष्ण कन्हैया

तू राधे का कृष्ण कन्हैया
या मीरा का श्याम
मैं भी तुझको मेरा मानूँ
क्या दूँ तुझको नाम

वो सब तेरे प्रेम थे पागल
मैं पागल निज प्रेम
उनके प्रेम पे प्रेम था प्यारे
मेरे प्रेम पे नेम

जब तू ही कण-कण वासी है
तब मैं कैसा पापी
तेरी ही साजिश से कान्हा
जीवन आपाधापी

हे प्रियतम बस मेरी सुन अब
मैं सुन चुका बहुत कुछ
हाथ पसारे खड़ा हूँ द्वारे
दुनियाँ कहती भिक्षुक

मेरी लाज की चिंता मत कर
अपनी ही तू रख ले
चोर हूँ चोरी करके लाया
जरा सा माखन चख ले

चना चोर को गले लगाया
था जो तेरा मित्र
मुझको क्योंकर दूर किया रे
क्या मैं तेरा शत्रु

चोर-चोर मौसेरे भाई
बचा ले अपना नाम
मुझको गर न गले लगाया
करूँ तुझे बदनाम

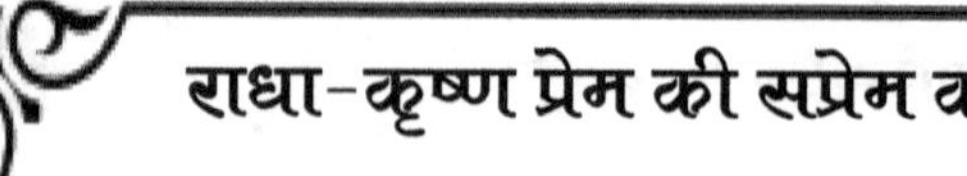

राधा-कृष्ण प्रेम की सप्रेम करूँ वंदना मैं

राधा-कृष्ण प्रेम की सप्रेम करूँ वंदना मैं
प्रेम था या प्रेम रूप, हरि ही पधारे थे
मैंने रसखान के, रसीले प्रेम कुंजन में
राधिका में कृष्ण, कृष्ण राधिका निहारे थे

दोऊ एक जैसे लागें, एक रूप एक रंग
प्रेम रंग संग संग, बृज में पधारे थे
हुए सब धन्य, देखि नयन हरष उठे
साँची कहूँ स्वर्ग के ही, देवता पधारे थे

ज्ञान का ही बान लिए, उद्धव चलाय रहे
बहुबिधि सूझ-बूझ, सोचि-सोचि हारे थे
प्रेम पगी गोपियाँ थी, पशु, जीव, जंतु सभी
राधा-कृष्ण प्रेम में, पुराण लिख डारे थे

राधे-कृष्ण का नाम जपूँ

राधे-कृष्ण का नाम जपूँ
या राधे-कृष्ण के प्रेम को गाउँ
या मथुरा या वृंदावन में गाऊँ
या फिर मैं निज ठावँ पे गाऊँ

मैं निर्बल, धनहीन रे कान्हा
केतिक गोकुल गावँ में आऊँ
ठावँ तेने कण-कण बतरायें है
क्यों न तोहे निज ठावँ बुलाऊँ

गीत न जानूँ, संगीत न जानूँ मैं
न जानूँ तेरी प्रीति रे कान्हा
निर्बल, निर्धन, नीति, अनीति
न जानूँ तेरी परतीति रे कान्हा

आओ मेरे घर आप ही दौरि
बनाओ हमें अब मानुष कान्हा
मैं तो अनाड़ी, मलिन, रजनीचर
मेरे हिय बस जाओ रे कान्हा

कौन जतन करूँ बतराओ अब
कैसे बुलाऊँ मैं कैसे रिझाऊं
हे कान्हा कुछ जतन करो अब
मैं निर्धन तेरे द्वार पे आऊँ

मैं तेरे दरबार में बेखौफ आया

मैं तेरे दरबार में बेखौफ आया
सब तो हैं, पर तू कहाँ है
मैं तो तेरे दरश को, सब छोड़ आया
तू यहाँ सब छोड़ कर, बैठा कहाँ है

लोग आए हैं, तेरी मूरत को कान्हा
मैं तो तुझसे मिलने को ही, दौड़ आया
खौफ है क्या मेरा, जो गायब यहाँ से
तू बड़ा छलिया है रे, बैठा कहाँ है

है पता तू मेरे ही भीतर, छिपा है
ढूँढता हूँ मैं, हिरन पशु मूर्ख जैसा
सोचता हूँ आँखों को, अब बंद कर लूँ
देख लूँगा दूर तक, अब तू कहाँ है

है ये कैसी बेबसी, तेरी रे कान्हा
अब नहीं आता, न जाने क्यों कहाँ है
तू तो दीनानाथ है, नटवर रे दिलवर
ढूँढता तुझको **मतङ्ग**, आखिर कहाँ है

सच है रे ये प्यार, तेरा ही है मुझपर
वरना आँखें बन्द कर, दिखता कहाँ है
मैं जहाँ हूँ तू वहाँ, हर रोम में है
एक दिन ढूँढेगा मुझको, हम कहाँ हैं

ये जमाना ही, बड़ों का है कन्हैया
है सुदामा ढूँढता, तुझको कहाँ है
दोस्ती कैसी तेरी है, मुझसे रे यह
मैं हूँ तेरे दिल में, कहता हम कहाँ हैं

मैं चला जाऊँगा, अपनी राहे मंजिल
कौन पूँछेगा तुझे, कि तू कहाँ है
मेरी काया मिट्टी में, मिल जाएगी जब
तू लकीरें पीटता रह जायेगा, कि हम कहाँ हैं

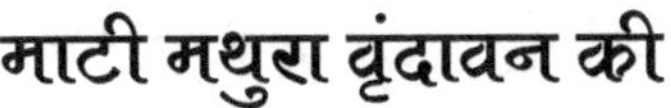

माटी मथुरा वृंदावन की

माटी मथुरा वृंदावन की
मैं रोज लगाऊँ माथे पे
कान्हा तेरे चरणों की रज
मैं रोज लगाऊँ माथे पे

रामायण की शबरी सा
मैं सब्र किये हूँ हे कान्हा
आजा तेरे चरण चूम लूँ
कान्हा मेरी चौखट पे

मैं भला नहीं हूँ गर कान्हा
तूने जो बनाया वैसा हूँ
मैं बुरा नहीं हूँ सब मानें
पर तू जाने मैं कैसा हूँ

हे कान्हा बस एक बार
मेरे जीवन में आजाना
मन की शंका को दूर प्रभू
तू दरश दिखा के कर जाना

ग्रंथों में लिखा तू कण-कण है
अनुभव कहता तू कहीं नहीं
हे कान्हा गर तू है ही तो
निज लाज बचाने आ जाना

आजाना कान्हा अंत तलक
तू खुद आना मेरी चौखट पे
गर न आया मरते दम तक
लानत है तेरी रहमत पे

न तो राधा न ही मीरा

न तो राधा न ही मीरा
न रसखान, न सूरा
हे 'कृष्णा', हूँ मैं भी तेरा
फिर क्यों प्यार अधूरा

प्यार मोहब्बत या फिर नफरत
तू सबमें माहिर है
संग मनसुखा माखन चोरी
तेरी जग जाहिर है

बचपन से मैं सुनता आया
तू है दीनानाथ
मुझसे दीन कौन है कान्हा
पकड़ ले मेरा हाथ

माँ-बापू भी नहीं हैं मेरे
हैं घेरे जो जितने नेरे
आरती-वंदन मैं न जानूँ
अल्प बुद्धि का पातक घेरे

ढूँढ-ढूँढ जंगल, गिरि, कानन
रह गया **मतङ्ग** अधूरा
दरश दिखा दे आकर प्यारे
मेरा समय है पूरा

हे कान्हा! मैं मिलना चाहूँ

हे कान्हा! मैं मिलना चाहूँ
क्या तू मिलने आएगा
मैं अति मलिन, मूर्ख, पाखंडी
क्या तू मुझे बुलायेगा

जब तू ही कण-कण वासी है
क्यों न दिखे तू घर आँगन
बातों की कोरी कल्पना से
अब दुःखता है ये निश्छल मन

सूरदास से छुड़ा हाथ
क्या भाग सका तेरा तन मन
वो आगे थे तू पीछे था
व्यर्थ हुआ सब तेरा जतन

तेरी आँखों के आँसू भी
धो चुके सुदामा चरण कमल
तेरे चरणों के जादू ने
यमुना को कर दिया धवल

क्या तू कभी गोपियों से
कुछ दूर कहीं जा पायेगा
क्या तू अपने आरत जन को
अब छोड़ कहीं छुप जाएगा

मुझ सा नहीं रे कान्हा कोई
जो दिन-रात बुलायेगा
अटल भरोसा है रे तुझपे
दौड़ा-दौड़ा आएगा

गर अब भी न आया कान्हा
तू मुझको खोएगा
मेरी 'कविता' को पढ़-पढ़ कर
जीवन भर रोयेगा

देना जन्म पुन: गर कान्हा

देना जन्म पुन: गर कान्हा
देना अपने गावँ
वहीं बनेगा ठावँ हमारा
वही चलेगी नावँ

राम को मैनें पार लगाया
तुझे लगा दूँ पार
पैसा न हो मत देना रे
जगदाधार उधार

बहुत सुना है तेरे बारे में
तू मुश्किल में आता
नाच दिखाता बजा बाँसुरी
पर मुश्किल से गाता

आजा प्यारे तुझे सिखा दूँ
लिखना गाना, कविता
तू महफिल में बन जायेगा
महफिल भर का सविता

यहाँ-वहाँ तू कहाँ नहीं रे
थिरके न तेरे पावँ
चोरी के माखन की लालच
नाँचा सारे गावँ

चुपकर जा अब बैठ रे कान्हा

चुपकर जा अब बैठ रे कान्हा
क्यों गलबहियां खेलूँ
तू छलिया है झूठ बोलता
क्यों अब तुझसे बोलूँ

औरों की तरह नहीं मैं कान्हा
केवल मूरत ताकूँ
मैं तो ढूँढू उस कान्हा को
मित्र सुदामा जाकूँ

गर तू आता था द्वापर में
क्यों कलयुग से डरता
क्या तुझको है नहीं पता रे
मतंग है तुझपे मरता

नंद बाबा के आंगन वाला
कान्हा मुझको चाहिए
गोवर्धन धारी बनवारी
नटवर नागर चाहिए

आजा तेरी लेऊँ बलैया
अंकन में तोहे भर लूँ
पुनः नहीं जाने दूँगा रे
मलिन हृदय तोहे धर लूँ

हे कान्हा मैं बहुत दु:खी हूँ

हे कान्हा मैं बहुत दुःखी हूँ
तेरे इस संसार से
तेरे ही तो दगा दे रहे
अपने पन और प्यार से

था विश्वास बहुत ही तुझ पर
है भी बहुत अभी बाकी
कहीं टूट न जाए प्यारे
हिम्मत नहीं रही बाकी

पशु, पक्षी, मानव, दानव का
सबका मित्र तुझे कहते
मैं क्या हूँ तू यही बता दे
अब मेरे रहते-रहते

नटवर नागर, दीनानाथ
रघुनाथ नाम तेरे ही हैं
फिर भी दिखता नहीं कहीं
ये काम-नाम तेरे ही हैं

राधा भी कहती सखियों से
तू झूठा पत्थर दिल है
गर कुछ हुआ मुझे ऐ कान्हा
कहूँगा तुझको कातिल है

दुनियाँ तुझसे मिलती रहती
कहते भी सब यहीं मिलें
तो फिर ऐसी कमी क्या मुझमें
जो तुम अब तक नहीं मिले

गर मुझमें अतिशय कमियाँ हैं
तो ये भी देन तुम्हारी है
सृष्टि रचयिता जब तुम ही हो
गलती कहाँ हमारी है

हम तो सच ही लिखते रहते
ढूँढते तुमको रातों-दिन
तुम ही तो हो छिपे कन्हैया
दिन बीते अब केवल गिन

जीवन अब लगता उधार है
मैं थक गया उधार से
एक बार ही आ जाओ अब
फुर्सत लूँ संसार से

तू तो सबका कृष्ण कन्हैया

तू तो सबका कृष्ण कन्हैया
मेरा मदन गोपाल है
सबके चेहरे रंग-रंगीले
मेरा शर्म से लाल है

तेरी वजह से भटक रहा हूँ
यहाँ-वहाँ सुन रे कान्हा
बचपन से ही सुना है मैंने
तू किस जगह कहाँ है न

ढूँढ रहा हूँ तुझे ओ पगले
तू तो मिला कहीं भी न
ठगा गया मैं तेरे द्वारे
कैसे कहाँ कहूँ क्यों न

मंदिर, मस्जिद, गुरुद्वारे या
चर्च या मथुरा काशी
मिले कई एक तेरे नाम पे
बने हुए थे सन्यासी

किया भरोसा लुट कर आया
पर तु मिला कहीं न
बैठा अपनी कुटिया हूँ अब
आ भी जाओ यहीं न

जहाँ गया मूरत पत्थर की
मिली एक मुस्काती
तू तो मुझसे मिला ही नहीं
केवल मिली उदासी

सब हैं चतुर ज्ञान के सागर
मूरत से काम चलाएं
मैं तो कान्हा अति मूरख रे
मूरत समझ न आये

मैं तो तुझे देखना चाहूँ
एक झलक दिखला जा
पता नहीं कितने दिन रहना
एक बार तो आजा

माना कि सब दूध धुले हैं
मैं ही इकला पापी
तू तो तारणहार कन्हैया
फिर क्यों आपाधापी

मैं अनाथ कपटी अगाध
जीवन ही मेरा बवाल है
सर मेरा है झुका शर्म से
तेरे प्यार ये हाल है

तड़प-तड़प कर तेरे प्यार में
मेरा हाल बेहाल है
कैसे कहूँ तू मदन गोपाल रे
तू तो नटवर लाल है

कान्हा तुम्हारे नाम से

कान्हा तुम्हारे नाम से
मैं नाम लिख रहा
मैं रोज अब नया नया
कलाम लिख रहा
जज्बा है तेरी रहमत
मिला मुफ्त में मुझे
मैं आज तेरा नाम
शहरे आम लिख रहा
है निगहबान तू ही
तू ही रहनुमा मेरा
तारीफ तेरी मैं तो
सुबह-शाम लिख रहा
तेरी रहमतों का हे कान्हा
मैं शुक्रगुजार हूँ
तेरी कृपा से मैं भी
तेरा नाम लिख रहा

दर्द इतना है कान्हा कि

दर्द इतना है कान्हा कि
मेरा कहना भी मुश्किल है
है तू बेदर्द इतना कि
मेरा रहना भी मुश्किल है

तरीके जितने थे मुझपे
लगा डाले सभी हमने
मिली पत्थर की मूरत ही
बाकी सारे झूठे सपने

उसको माना नहीं जाता
जिसे जाना नहीं जाता
हमसे अब आम लोगों से
रार ठाना नहीं जाता

कहानियां तेरी चर्चित हैं
बहुत ही मंदिरों-मस्जिद
गीत नफरत का रे कान्हा
मुझसे गाया नहीं जाता

लोग निज लोभ में कान्हा
खुद ही कान्हा बने घूमें
मुझे बेखौफ होकर सब
तुझसे मिलकर बताना है

दिया उपदेश गीता का
कर्म को सर्व प्रथम रखकर
लोग लड़ते लड़ाते हैं
धर्म को ही प्रथम रखकर

कर्म ही धर्म है असली
ये गीता सार कहता है
धर्म तो मानव सेवा है
ये गीता सार कहता है

लड़ाता मानव से मानव
अधर्मी धर्म का पोषक
बाँट कर तुझको रे कान्हा
तेरा किरदार बनता है

दर्द अब मेरी आँखों का
छलक पाना भी मुश्किल है
तू छलिया है तेरा शायद
कभी आना भी मुश्किल है

न मैं भटकूँ, न भटकाऊँ

न मैं भटकूँ, न भटकाऊँ
न ही भ्रम फैलाऊँ
जब भी मेरा जन्म हो कान्हा
दास तेरा बन आऊँ
तेरे द्वार का बनूँ भिखारी
जूठन सबका खाऊँ
पैर दबाऊं तेरे जनों के
माथे पग धूल चढाऊँ
हे कान्हा है दर्द बहुत
तू आये तो बतलाऊँ
त्रस्त गोपियाँ कालनेमि से
कैसे तुझे बताऊँ
आजाओ अब बचा लो आकर
मैं तेरा हो जाऊँ

मैं औरों की क्या बात कहूँ

मैं औरों की क्या बात कहूँ
कान्हा अपनी ही लेता हूँ
मैं व्यभिचारी हूँ मैं खुद को
अब ऐसी संज्ञा देता हूँ

क्या करूँ छुपे रुस्तम सब हैं
रुस्तमे हिन्द सब बनते हैं
क्या करूँ किसे क्या कह डालूँ
नारायण सा रूप बदलते हैं

सब राम ही बस बनना चाहें
सब मात्र दिखावा करते हैं
हम सत्य लिखा भी करते हैं
हम सत्य कहा भी करते हैं

लालच भी है मेरे अंदर
मेरी नजरों में दोष भी है
मैं पूंछता हूँ है कौन यहाँ
जो सचमुच में निर्दोष ही है

मैं हो बेबाक ये कहता हूँ
सारे अवगुण मैं रखता हूँ
जो सचमुच में निर्दोष यहाँ
बस उनका स्वागत करता हूँ

कान्हा मुझे तू माफ कर

कान्हा मुझे तू माफ कर
मैं चल रहा अपनी डगर
तेरी दिल्लगी तेरी हमसफर
मेरी बेखुदी मेरी हमसफर

तू महान है तेरा ये जहाँ
मैं हूँ ही क्या तेरे इस जहाँ
तुझसे हो सके मेरा काम कर
मेरे बोझ को तू मकाम कर

है ये इल्तिजा तुझसे सनम
तेरी राह में निकले रे दम
नहीं चाह तेरे मिलन की
परवाह न तेरे अहम की

तू तो सृष्टि का अभिमान है
मेरे हृदय ईमान है
तू जा चला जा दूर अब
तू पास मेरे था ही कब

तेरे हैं करोड़ो आशियाँ
मेरे पास काठ की काठियाँ
मैं जा रहा हूँ सुकून से
हूँ मुक्त मैं भी जुनून से

तू राज कर तेरे इस जहाँ
मत पूँछ अब मैं हूँ कहाँ
तू दिख जा मुझको मेरी डगर
तुझे देख लूँ बस इक नजर

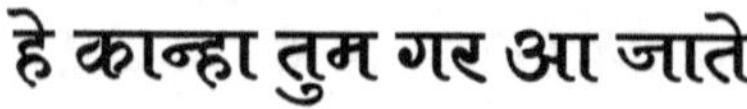

हे कान्हा तुम गर आ जाते

हे कान्हा तुम गर आ जाते
तो मैं चला जाता
मेरा तेरे बिना
किससे कैसा नाता
मुझे लगता है
तुमने मुझे बुलाया है
मुझे बुलाने के लिए
पहले बहुत रिझाया है
मुझे बुला के तूने
आस क्यों जगाया है
मैं तेरे भरोसे पे
आया यहाँ पे रे कान्हा
तू ही मुझे धरती पे
लाया रे कान्हा
तनिक तू सोच
अगर मैं यहाँ पे न आता
मेरे जज्बे को नहीं कोई भी
कहता नाता
मैं आज बेबस हूँ
तेरी बेरुखी से हे कान्हा
मुझको बुला के तूने
मेरा हाल भी न जाना
बेरुखी से रिश्ता
कैसा हो टूट जाता
क्या झूठ कह रहे थे
मेरा जन्मों का है नाता

तू है मेरा कुवँर कन्हैया

तू है मेरा कुवँर कन्हैया
या फिर तारणहार है
या तू मेरा बाल सखा रे
या राधा का प्यार है

मैं तो मानूँ मेरे बीच का
कुछ कहते अवतार है
मुझको लगता तू मेरा है
मेरा ही अधिकार है

जब तू कण-कण में है पगले
भटकाता क्यों यार है
कहता तुझको मंदिर-मस्ज़िद
तेरा ठेकेदार है

मैं नाराज हूँ तुझसे कान्हा
तू भी सियासत दार है
गर तू भी 'नेता' ही है रे
मित्र नहीं मक्कार है

वादा था तेरा गलबहियाँ का
मुझसे भी हे प्यारे
लानत है गर भूल जाये तू
बनकर राज दुलारे

कोई कहता नंद का लाला
कोई कहे सरकार है
मैं तो मानूँ तुझको कान्हा
जन्म-जन्म का यार है

न मैं ध्याऊँ न ही मनाऊँ

न मैं ध्याऊँ न ही मनाऊँ
न ही बोलूँ झूठ
उम्र है बीती, मिला नहीं तू
क्यों न कहूँ दो टूक

माँ, बापू, गुरु, मित्र सभी ने
राह दिखाई तेरी
चलता रहा मैं उसी राह पर
हर दिन रात अँधेरी

मेरी एक ही बिनती कान्हा
मुझसे न रख दूरी
हो तो मेरे घर आजा
करने माखन चोरी

कोई झूमें कोई नाँचे
अपने-अपने राग
जिससे पता पूँछता तेरा
वो ही लेता भाग

न तू मिला, न मिलने आया
क्यों कर गीत मैं गाऊँ
तू मेरा, पर पता न तेरा
क्यों भटकूँ, भटकाऊँ

बहुत हैं ठेकेदार रे कान्हा
जो तुझसे मिलवाते
मैं भी गया वहाँ जब मिलने
मुझसे नजर बचाते

तेरी मजबूरी मैं समझूँ
कहता हूँ दो टूक
तेरे प्रेम का करें दिखावा
अपने पेट की भूख

तू है काला चाम से कान्हा

तू है काला चाम से कान्हा
मैं हूँ दिल का काला
सबके सब तेरे मतवाले
तू मेरा मतवाला

काली कमली तू रखता है
काला मेरा कर्म
मैं बेशर्म मेरे कर्मों पर
क्योंकर तुझको शर्म

शर्म तुझे आती ही क्यों है
जब तू ही जगत रचयिता
मैं भी तो तेरी ही रचना
क्यों लागूँ अब तीता

हे कान्हा मैं निर्गुण बिल्कुल
हीन बुद्धि बल सारे
तेरे सब जो असली नकली
मुझ पर हँसें बेचारे

मुझे पता है तू ही इक दिन
मुझे शरण मे लेगा
प्यार मोहब्बत अश्मत किस्मत
सब मुझको दे-देगा

इसीलिए निश्चिंत हो कान्हा
पिऊँ मैं गम का प्याला
गरज तेरी होगी आएगा
गर जग का रखवाला

राधा तेरी चंद्र चकोरी

राधा तेरी चंद्र चकोरी
तू राधा का श्याम
मैं दोनों का प्रेम पात्र हूँ
दोनों में विश्राम

एक पिता इक माता मोरी
एक हूँ मैं करूँ विनती तोरी
तेरे बिन मैं जाऊँ कहाँ अब
मुझ पतंग की डोरी तेरी

राह बहुत पढ़ कर देखी रे
सुन-सुन कर भी बहुतेरी
मिला कहीं न खुली आँख से
बन्द करूँ न बरजोरी

तू लाला बाहर से काला
मैं तो काले दिल वाला
धोखा दे तू मुझे फँस गया
मैं न कहीं जाने वाला

या आएगा पास तू मेरे
या जाएगा दिल से
हो हिम्मत तो चला जा छोड़ के
छूटूँगा मुश्किल से

पाप का भागी तू होगा रे
गर न भजूँ तेरा 'नाम'
होगा सबका 'श्याम' कन्हैया
मेरा तो 'घनश्याम'

मैं तो हूँ मजबूर रे कान्हा

मैं तो हूँ मजबूर रे कान्हा
तू भी क्या मजबूर है
तू तो दीनानाथ कहाये
शायद तू मगरूर है

विकल हुआ मैं, विकट परिस्थिति
रो-रो कर बेहाल हूँ
आया नहीं मेरे ढिग अब तक
कहता पालन हार हूँ

भूखे पेट तमाम यहाँ पर
निर्दोषों को सजा मिले
लुटें बेटियां बीच सड़क पर
तुझे देख कर मजा मिले

गर तू पालनहार है कान्हा
तो क्या बेरोजगार है
या फिर तू नेताओं जैसा
झूठा और मक्कार है

हे कान्हा गर सचमुच तू है
कब्र पे मेरे आ जाना
मेरे जीते जी न आया
मरने पर अश्रु बहा जाना

जगह-जगह हर गावँ शहर में
तू ही तू मशहूर है
बिना मिले **मतङ्ग** न माने
आदत से मजबूर है

दीद की ले इल्तिजा

दीद की ले इल्तिजा
या ले शहादत
करते-करते थक चुका
तेरी इबादत

वाह रे कान्हा
बड़ा मगरूर तू है
गर नहीं मगरूर
तो मजबूर क्यों है

गाय, भैंसे, बिल्लियां, कौए, साँप भी
मानव से दानव सकल ब्रम्हांड तक भी
सबमें तेरा वास है कहते सुना है
मैंने तो देखा नहीं फूटी आँख भी

क्यों किसी उस बात को
हम बेजां माने
क्यों बेवजह हम
किसी से रार ठाने

गर तू मेरा है
समझता मुझको अपना
क्यों नहीं आता
दिखाता मुझको सपना

अब नहीं होती तेरी
मुझसे इबादत
मैं चला तू ले पकड़
अपनी रियासत

लीलाधर लीला करो

लीलाधर लीला करो
आकर मेरे द्वार
तारो हूँ मझधार में
या डारो मझधार

मैं भी तेरा अंग हूँ कान्हा
काट सके तो काट
गर तू है मजबूर रे पगले
दर्द ले मेरा बाँट

सुना बहुत है तेरे बारे में
तू गोवर्धन धारी
फिर भी उठा न पाये मुझको
क्या मैं तुझ पर भारी

विप्र सुदामा मित्र तेरे थे
श्रीदामा भी यार तेरा
मैं भी सखा तेरा ही हूँ रे
तुझ पर है अधिकार मेरा

गर तू सचमुच सच का साथी
राधा का अनुगामी है
शपथ है तुझको तेरे **मतंङ्ग** की
तू मुझ पतित का स्वामी है

बाट जोहता हूँ मैं तेरी
हे प्रभु जगदाधार
तू ही झुककर मुझे उठा ले
तू तो पालनहार

सब कहते चित चोर कन्हैया

सब कहते चित चोर कन्हैया
मैं कहता 'पट' चोर है
चुरा वस्त्र ले भगा नदी से
गोपियां करती शोर हैं

तेरी तो पैदाइश ही रे
जेल के भीतर थी कान्हा
जादू किया था सब पर तूने
दुबक जेल से था जाना

यमुना तुझे रोकने आई
बालक बन गुमराह किया
नंद बाबा की नन्हीं गुड़िया
रातों-रात फरार किया

कंस के सैनिक लगे ढूँढने
तरह-तरह के वेश बदल
तू भी तो था जादूगर रे
एक-एक को दिया मसल

माखन-मिश्री की चोरी में
नाम तेरा हर मुख पे था
चितवन से चित की चोरी में
नाम तेरा हर युग में था

तू तो तारणहार कन्हैया
पालनहार हमारा है
दुश्मन भी तुझको कहता है
शत्रु तो है पर प्यारा है

तरह-तरह के दुर्जन मारे
फिर भी क्यों कमजोर है
गर मारे या तारे मुझको
कहूँ तू नंदकिशोर है

है तू बहुत मजबूर रे कान्हा

है तू बहुत मजबूर रे कान्हा
तेरी आदत से
मैं भी हो गया तंग कन्हैया
तेरी इबादत से

मैं तो सीधी राह
निपट चलने वाला
तेरी टेढ़ी कमर
तू टेढ़ा आदत से

क्योंकर कभी तू
निकट हमारे आएगा
हूँ मैं बहुत परेशां
मेरी शराफत से

मुझको अब परवाह नहीं
तेरे आने की
कहाँ बहुत दिन मुझको ही
अब रहना है

तेरी रचना में
बचपाना मुश्किल है
बहेलियों से बचकर
किसको रहना है

घूम रहे हैं चिड़ीमार
बहुतेरे अब
कब किसकी पड़ जाए
नजर परिंदों पर

तू भी तो न बचा
तेरी ही दुनियाँ से
तब था समय भी तेरा
बहुत बुलंदी पर

तू रह सबके साथ
जो तेरे अपने हैं
चाहूँ मरूँ अनाथ
ये मेरे सपने हैं

अब होकर निश्चिन्त
मजा ले द्वारिका से
मेरा है अब अंत
चलूँ तेरी दुनियाँ से

बहुत दिनों से सोचूँ कान्हा

बहुत दिनों से सोचूँ कान्हा
तेरे दरश को आऊँ
सोचूँ तेरा पता पूँछने
किस चौखट पर जाऊँ

तेरी चौखट जब–जब पहुँचा
लगा हुआ था मेला
मेले में तेरा **मतङ्ग** था
बिल्कुल खड़ा अकेला

भीड़ बहुत थी रे कान्हा
तेरे अपने वहाँ बहुत थे
मैं भी तेरा अपना ही था
मुझको दिखे नहीं थे

खुली आँख से मैंने देखा
मेले पर था मेला
इक पत्थर की मूरत थी
और ठेकेदार का खेला

आँख बंद होते ही देखा
तू तो मेरे पास है
मेले की अब कहाँ जरूरत
मुझको तेरी प्यास है

रहूँ सोचता अक्सर मैं रे
कहाँ किसे बतलाऊँ
तू तो मेरे रग–रग में है
क्योंकर तुझे बुलाऊँ

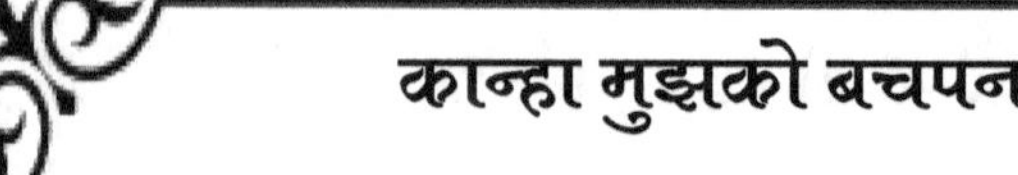

कान्हा मुझको बचपन दे-दे

कान्हा मुझको बचपन दे-दे
खेलूँ तेरे द्वार
साथ में मुझको मेरी 'माँ' दे
मुझपे हो उपकार

मुझपे हो उपकार
भटकता बहुत दिनों से
मेरी माँ तेरे पास
उसे तू मुझको दे-दे

तू तो कुवँर कन्हैया है रे
तू है जगदाधार
स्वर्ग से मेरी माँ ले आ तू
जीवन तेरा उधार

कर पाए गर यही तू कर दे
आकर मेरे द्वार
शीश 'चरण रज' मेरे रख दे
गोपिन लिया उधार

मेरा भी सिर दर्द ठीक हो
कान्हा तेरे संग
शगुन हो रहा आज मेरे हिय
फड़के दायाँ अंग

कान्हा मुझको इक वर दे-दे
तार दे हूँ मझधार
यदि 'रणछोड़' है मेरे लिए भी
डारि मुझे मझधार

मेरी एक ही कल्पना

मेरी एक ही कल्पना
लिखूँ मैं तुझपे लेख
क्या सच है क्या झूठ है कान्हा
निज आँखों से देख

ईश्वर का किरदार तू कान्हा
तू राधा का प्यार
मैं भी मानूँ तुझको ही रे
मेरा पालन हार

एक नजर मैं देखना चाहूँ
तुझको मेरे यार
मेरा भी भरतार तू है रे
मेरा भी अधिकार

बता दे तू अब कहाँ मिलेगा
आऊँ तेरे द्वार
सबको 'हाँ' फिर मुझको 'न' क्यों
मुझसे कैसी रार

न मिलना हो गर मुझसे तो
यही बता दे आकर
क्यों मैं भटकूँ इधर-उधर
घर पूजूँ मूरत लाकर

जहाँ गया बस मूरत देखी
सुनी कथाएं तेरी
पेट न भरता तेरी कथा से
सूरत देखूँ तेरी

गर मैं इंसान हूँ कान्हा
आजा लूँ अब देख
गर मैं हूँ हैवान रे पगले
तू ले मुझको देख

कान्हा तेरे बिन जी पाना

कान्हा तेरे बिन जी पाना
मुश्किल लगता है
तेरा मुझपे दौड़ के आना
मुश्किल लगता है

होगी कोई खूबी जिससे तू
दौड़ सर्बों पे जाता
मुझे बनाया ही क्यों ऐसा
जिससे है घबराता

गर कण-कण तू व्यापे कान्हा
आजा मेरे पास
पकड़ ले बहियाँ तू अब मेरी
बना ले मुझको खास

तोतली बोली, हँसी ठिठोली
ही अब मेरा जीवन
मैं क्यों ज्ञान बघारूं कान्हा
मैं ढूँढू अपनापन

मुझे उठा ले गले लगा ले
बिठा ले अपने पास
घड़ी दो घड़ी मैं भी रह लूँ
तेरे संग निःस्वांस

हे कान्हा है नहीं कोई जो
मुझको अपना लगता
मैं तो बस तेरी उम्मीद में
पग-पग प्रेम में पगता

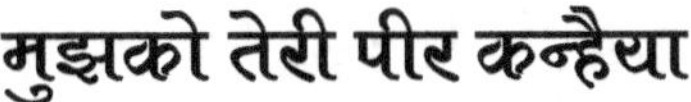

मुझको तेरी पीर कन्हैया

मुझको तेरी पीर कन्हैया
मन अब धरे न धीर रे
तुझको कैसे फर्क पड़ेगा
तू तो ग्वाल, अहीर रे

माखन, मिश्री, दूध, मलाई
खाकर हो गया तू मोटा
भूल गया वो संग साथ अब
मैं तुझको लागूँ खोटा

हूँ गरीब पर चोर नहीं हूँ
न ही हूँ मैं छलिया रे
फिर भी तू लगता है अपना
तेरी लेऊँ बलैया रे

आजा ले चल मुझे साथ में
घुमा दे अपना गावँ रे
यमुना तट पर गेंद खिला दे
मोहे कदम की छावं रे

बहुत दिनों तो न रहना अब
माँ बिन **मतङ्ग** अधीर रे
माँ बिन अब तो रहा न जाये
क्यों कर कहूँ फकीर रे

मोहब्बत में खिंचा लो आ गया

मोहब्बत में खिंचा लो आ गया
सरकार मैं तेरे
मोहब्बत में पड़ा सजदे यहाँ
दरबार में तेरे
मोहब्बत से मोहब्बत के
गले लगना मोहब्बत में
मोहब्बत में **मतंङ्ग** कान्हा
खड़ा सत्कार में तेरे
लगे कुछ लोग हैं कान्हा
यहाँ व्यापार में तेरे
बनाते घूमते मूरख
हर जगह द्वार पे तेरे
बने हैं दुष्ट और जालिम भी
ठेकेदार अब तेरे
जहाँ जाऊँ वहीं पाऊँ
धर्म पे रार मैं तेरे
कोई कहता तू मेरा है
कोई खुद को तेरा कहता
कोई गुमराह करता है
महज तकरार में तेरे
तू मालिक है मेरा
तू ही मेरा खालिक है रे कान्हा
कोई ओढ़े लबादा नाम का
आवाम में तेरे
मैं आशिक हूँ तेरा
खुद में तेरा दीदार करता हूँ
बसा रग-रग में तू मेरे
गा रहा गीत मैं तेरे

रोम-रोम में बसा तू कान्हा

रोम-रोम में बसा तू कान्हा
मैं ढूँढू मंदिर-मस्जिद
रग-रग में तू ही तू है रे
तुझे ढूँढना मेरी जिद
काली कमली वाला तू है
रंग तेरा जग जाहिर है
हरफन मौला तू है पगले
हरफन में तू माहिर है
कोई कहता रास रचैया
कोई नाग नथैया रे
गोपिन की माखन, मिश्री पर
नाचे ता, ता, थैया रे
बड़े-बड़े योद्धा जो मारे
वो है फँसा गरीबी में
विप्र सुदामा चरण पखारे
देकर ज्ञान फकीरी में
गीता का उपदेशक बनकर
सृष्टि का उपकार किया
सेवक बन कर गोपालों का
सखियों का मनुहार किया
मैं तो हूँ निज ठौर पड़ा अब
राह तकूँ तेरी मैं नित
आ जाओ मेरी ठौर पे कान्हा
ये है मेरी अंतिम जिद

बंद आँखों से देखा तो

बंद आँखों से देखा तो
तेरा दीदार होता है
खुली आँखें तो देखा
तेरा भी व्यापार होता है
तू मुझमें है या उसमें है
या किसमे है कहाँ तक तू
मुझे है फर्क क्या पड़ता
सरे बाजार होता है
भटक कर मंदिरों-मस्जिद
चूमूँ मैं क्यों कई चौखट
मुझे मालूम है कान्हा
प्रेम साकार होता है
तू मेरा इश्क है, सुकूँ भी है
और शाकी भी मतलब का
रमा है मेरे रग-रग में
ये एकाकार होता है
रहूँ या न रहूँ या फिर
चला जाऊँ जहाँ से मैं
मैं तेरा हूँ तू मेरा है
मुझे ऐतबार होता है

राधिका के संग-संग

राधिका के संग-संग
गोपियाँ भी हुई दंग
कृष्ण जब युद्ध भूमि
छोड़ घर भागे थे

नाम रणछोड़ पड़ा
छोड़ युद्धभूमि चले
राधिका के श्याम
प्रेम राधिका में पागे थे

प्रेम में विवश थे वो
राधिका के 'कारे' चाँद
चाँदनी की चाँदनी के
दरश को भागे थे

मेरी मानो दुश्मन को
देके अभयदान कृष्ण
राधिका से मिलने को
युद्ध से भी भागे थे

प्रीति है अमर राधे-कृष्ण
कृष्ण-राधे जू की
प्रीति रीति सीख नहीं पाए
जो अभागे थे

रीझे नहीं महलों-दुमहलों पे
नंदलाल
माखन को हाथ लिए
चोरी कर भागे थे

दिखते गए सबों को

दिखते गए सबों को
सब हो गए तुम्हारे
मुझसे है क्या अदावत
मेरे पास न पधारे

माना कि प्रेम से ही
दर्शन तुम्हारा होता
मुझे प्रेम गर सिखाते
मैं भी तुम्हारा होता

मुझको बनाया पत्थर
क्या ये प्रेम था तुम्हारा
क्यों फिर उम्मीद रखते
मेरे प्रेम का दुबारा

जब प्यार ही था पाना
पत्थर का क्यों बनाया
नजरों में मेरे तुमने
खुद को ही है गिराया

पत्थर बना के अब क्यों
उम्मीद कर रहे हो
मुझको बना के पत्थर
पत्थर सा जी रहे हो

आओ या दूर जाओ
सबको गले लगाओ
मैं इकला चल पड़ा हूँ
हिम्मत हो चल दिखाओ

भगवान बन के बैठे हो
सात ताले अंदर
मेरी ही शराफत से
तुम बन रहे सिकंदर

गर हर गरीब तुमसे
मुहँ मोड़ बैठ जाये
पूछेगा कौन तुमको
रोओगे मुहँ बनाये

शायद ये प्रेम ही है
मेरा दिल तुम्हें पुकारे
आजा तू दौड़ कान्हा
मेरी कब्र के किनारे

निधिवन या बृंदावन से
कुछ फूल ला दुलारे
ऐसा न कर कि तुझको
मेरी आत्मा धिक्कारे

वाह रे कान्हा

वाह रे कान्हा
गजब की तेरी यारी है
मिलने जुलने में भी
अब दुश्वारी है

यार कहूँ या
कहूँ द्वारिकाधीश तुझे
तेरा भी वादा अब तो
सरकारी है

गलती तेरी नहीं है
तू तो राजा है
कुछ लोगों को मार
बना महाराजा है

आकर मिल या मार दे मुझको
तो जानूँ
या फिर आकर
तार दे मुझको तो मानूँ

तू ठग है चितचोर है तू
छलकपटी है
तेरे रग-रग में
अब केवल मक्कारी है

सोच रहा हूँ अब
राधा के ढिग जाऊँ
वह तो कान्हा
सचमुच प्रेम पुजारी है

गोद में उसके सिर रख कर
सो जाऊँगा
वो जगजननी है
मेरी तो महतारी है

अब न आना
मुझे मनाने हे कान्हा
चिर निद्रा से नहीं जगाना
हे कान्हा

जाए ही अब क्योंकर
तेरे देश **मतङ्ग**
मैं हूँ माँ की गोद
मुझे ये प्यारी है

जीवन का आधार तू कान्हा

जीवन का आधार तू कान्हा
तेरे इस संसार
बाकी सारे रिश्ते नाते
केवल हैं व्यापार
केवल हैं व्यापार
कहें क्या किसे सुनाएं
तू जीवन आधार
कहाँ किसके घर जाएं
कह मतङ्ग कवि रे कान्हा
मुझे दूर था रखना
नहीं लगाना था मुहँ
मुझसे दूर था रहना
आदत सी पड़ गई
तो फिर तू आज है गायब
तेरी वजह से बन बैठा मैं
आज अजायब
ये कैसी है रीति रे कान्हा
तेरे जग की
तेरे प्रेम में घूमूँ मैं भी
बना तवायफ
लगता है मुझको भी अब तो
झूठा तू है यार
झूठमूठ क्यों करूँ शिकायत
तेरे ही सरकार

कहत मतङ्ग

कहत **मतङ्ग**
सूरदास, बिंदु, इंदु सम
रास के रचैया
योगिराज कृष्ण कारे हैं
कारी सी कमरिया ओढ़
कारे रंग, कारे काम
माखन के चोर
फिर भी नंद के दुलारे हैं
बने महाराज बैठे
श्याम द्वारिका के आज
चहुँ दिश दिग्गज महीप
हरकारे हैं
धाए नंगे पावँ
जानि पाए ज्यों सुदामा नावँ
द्वार पे सुदामा मित्र
प्राण जो पधारे हैं

कान्हा तेरे रूप अनेकों

कान्हा तेरे रूप अनेकों
कोई समझ न आये
इंतजार है तेरा प्यारे
आये और बताए
तेरी जिद है
तू क्यों कर आएगा
मेरी जिद है
तू क्यों न आएगा
भाग्य विधाता गर तू है तो
मैं हूँ भाग्य का भोगी
सृष्टि रचयिता गर तू है रे
मैं तेरा सहयोगी
मेरे बिन तेरी सृष्टि का
क्या मतलब है
मेरे बिन तेरी शक्ति का
क्या मतलब है
मेरी वजह से
शक्ति, भक्ति की कीमत है
भक्त न हो तो
तेरी भी कौड़ी कीमत है
मेरे बिना अगर तू रह ले
इकला रह जायेगा
किसके घर तू माखन मिश्री
चुरा-चुरा खायेगा
किसके संग खेलेगा प्यारे
यमुना तट की छावं
किसके 'फन' तू करेगा नर्तन
न हो 'कालिया' गावँ
सब हैं तो तू भी है कान्हा
वर्ना तेरा क्या काम
इकला रह कर क्या कर लेगा
क्या खुद ही जपेगा नाम
आ जाता तो मौज मनाते
मन मेरा घबराए
क्या मालुम कब जाना पड़ जाए
तू इकला रह जाये

मैं आशिक हूँ तेरा कुछ कर

मैं आशिक हूँ तेरा कुछ कर
फकत दीदार हो जाये
तुझसे मिलना मेरी मंजिल
तू अब साकार हो जाये

तू मालिक है गरीबों का
तू खालिक बदनसीबों का
यही सुन आया तेरे दर
दीद सरकार हो जाये

तुझे खुश कर सकूँगा मैं
मेरे बस का नहीं कान्हा
तुझे कुछ दे सकूँगा भी
नहीं कुछ पास है कान्हा

मैं तो इक बेअदब अदना सा
तेरा ही मुलाजिम हूँ
मुझे चरणों की सेवा का
महज अधिकार दे कान्हा

मैं लिखता रोज हूँ तुझपे
लिखाता भी तो तू ही है
अगर सुनना भी है मुश्किल
किताबें फाड़ दे कान्हा

बुला ले एक दिन मुझको
या फिर तू खुद चला आये
तेरी रचना तेरे सम्मुख
मजे से फिर सुना जाए

तेरे दीदार का भी इक बहाना
आज हो जाये
तू मेरे गीत में खोए
मतङ्ग तुझमें ही खो जाए

कन्हैया मन न धरे अब धीर

कन्हैया मन न धरे अब धीर
बहुत दिनों से, भटक रहा हूँ
बढ़ती जाए पीर
कन्हैया, मन न धरे अब धीर...
मैं अति मलिन, मूर्ख अति कान्हा
भजन न जानूँ तेरा
पूजन विधि की, विधा न जानूँ
मन न लागे मेरा
अति विश्वास है, तुझ पर फिर भी
तू समझेगा पीर
कन्हैया, मन न धरे अब धीर...
मैं न जानूँ पता तुम्हारा
मेरा पता है तेरा सहारा
हाथ पकड़ ले मेरा अब तू
मैं हूँ निपट फकीर
कन्हैया, मन न धरे अब धीर...
बाँह पकड़, ले चल अब मुझको
झुंड में, ग्वाल अहीर
कन्हैया, मन न धरे अब धीर...

सोचता हूँ आज 'कान्हा'

सोचता हूँ आज 'कान्हा'
रात भर लिखता रहूँ
तू जगे मेरे लिए
और मैं तुझे दिखता रहूँ

पर मैं सोचूँ रात भर तू
गर जगा मेरे लिए
सर दुखेगा तेरा भी
मैं भी पकड़ बैठा रहूँ

मेरा क्या मैं जाग लूँगा
हूँ मुलाजिम तेरा मैं
तेरा क्या होगा रे कान्हा
गर जगाता मैं रहूँ

है पता मुझको
खिलाये बिन मुझे खाता नहीं
है पता मुझको
पिलाये बिन मुझे पीता नहीं

प्रेम के बंधन ने हममें
दूरियाँ दुश्वार की
सोचता हूँ जिंदगी की
शाम तक जगता रहूँ

तू रहे मेरे पास बैठा
मैं रहूँ तेरे पास में
रात आये सर टिका
तेरी गोद में सोता रहूँ

नींद गर आजाये तो
मुझको जगाना न कभी
नींद हो तेरी गोद की
मैं मस्त हो, सोता रहूँ सोता रहूँ

यादों की बारात लेकर

यादों की बारात लेकर
मैं चला फरियाद में
मैं भटकता रह गया
तू था हमारी याद में

आँखें मेरी जब खुली थीं
तू दिखा बिल्कुल नहीं
आँख जैसे बन्द की
मुझको लगा तू है यहीं

तू कोई अय्यार है
या यार जादूगर है तू
छोड़ जब आया तुझे
तू पास था मेरे यहीं

मैं अचंभित हूँ
तेरे इस प्यार के इजहार से
भागता जब भी मैं पकड़ूँ
फिर खड़ा मिलता यहीं

मैं भी तेरा यार हूँ
है क्या समझता तू मुझे
फूटकर रोयेगा इक दिन
तू रहेगा मैं नहीं

ढूँढता मुझको फिरेगा
कब्र पे मेरे **मतङ्ग**
रोता जीवन भर रहेगा
तू हमारी याद में

खुद बनाए कंस को

खुद बनाए कंस को
खुद ही बिगाड़े कंस को
नाम दे ताकत भी दे
शोहरत दिलाये कंस को

तूने सोचा ही न था
आततायी होगा ये
वर्ना क्यों बेजा ही कान्हा
तू बुलाता कंस को

जन्म देकर मार देना
ये कहाँ का न्याय है
न्याय की बातों ने मारा
इस विचारे कंस को

बात है बेकार की
कहते इसे लीला मगर
हर जगह हर मोड़ पर
काबिल बताया कंस को

कंस की मक्कारियाँ
छाती गईं हर मोड़ पर
क्या पता किसने कहाँ
रहबर बनाया कंस को

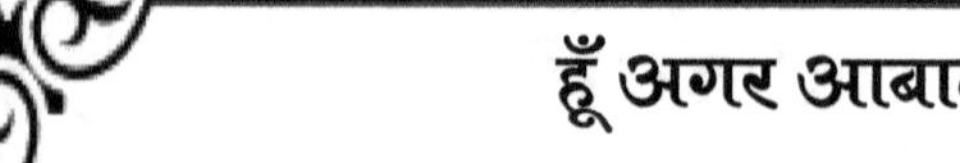

हूँ अगर आबाद

हूँ अगर आबाद
ये सौगात है कान्हा तेरी
है मेरी औकात क्या
आबाद मैं खुद से रहूँ

आ तू मेरे पास आजा
बैठ कुछ बातें करें
क्या पता कल किसने देखा
मैं रहूँ या न रहूँ

मैं मलिन हूँ ये सही है
दूर तू है इसलिए
दूर तू रहना सदा अब
इल्म की बातें कहूँ

रेशमी परिधान तेरा
मैं लपेटे राख हूँ
क्या पता किस मोड़ पे
मैं राख सा उड़ता मिलूँ

जिंदगी की दौड़ में
न फेल हो जाऊँ कहीं
चुप पड़ा हूँ इसलिए
आये समय चलता बनूँ

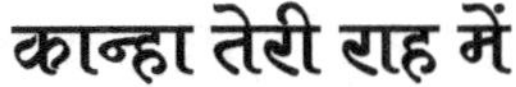

कान्हा तेरी राह में

कान्हा तेरी राह में
चलूँ मतंगी चाल
जब थक कर मैं गिर पड़ूँ
लेना मुझे सम्हाल

लेना मुझे सम्हाल
तेरी ये जिम्मेदारी
तू ही तो है लाया जग में
निभा तू अपनी यारी

मैं मूरख, अति मलिन, स्वार्थी
सदा बजाऊँ गाल
करवाता सब तू ही तो है
मुझपे पिटती ताल

नंद बाबा का लाल तू कान्हा
मैं कान्हा का लाल
मुझको रखना गोद में अपने
वर्ना करूँ बवाल

बजाकर बाँसुरी तुम जब

बजाकर बाँसुरी तुम जब
गोपियों को रिझाते हो
मुझे लगता है कान्हा तुम
मुझसे पीछा छुड़ाते हो

तुम्हारे बिन मुझे इस बांसुरी की
धुन खटकती है
चिपकती जब ये होंठों से
मुझे सौतन सी लगती है

तुम क्योंकर छोड़ कर मुझको
यहाँ से दूर जाते हो
आज सच बोल दो प्यारे
ये नजरें क्यों चुराते हो

न उद्धव की जरूरत है
न ही अब झूठ की कोई
नजर कहती तुम्हारी है
मेरी खिल्ली उड़ाते हो

जाना हो गर चले जाओ
जहाँ जाना वहाँ जाओ
दौड़ कर क्यों मेरी खातिर
पर्वतों को उठाते हो

मैं आशिक हूँ तुम्हारा
तुम सा छलिया हूं नहीं कान्हा
मेरे आँसू बहाने पर ही तुम
क्यों दौड़े आते हो

वो मेरी सुनता है सुनकर हमारी

वो मेरी सुनता है सुनकर हमारी
रीझ जाता है
अगर न बोलूँ मैं उससे
वो मुझसे खीझ जाता है

बड़ी मासूमियत से वो
पकड़ कर मेरी बाहों को
उठाता है लगाता फिर गले
आँसू बहाता है

मेरी हर जिद में खुद को भूल
वो हाजिर भी रहता है
मेरे उठने से पहले वो
मुझे आकर जगाता है

वजू मंजन का भी मेरे
सदा वो ध्यान रखता है
पहनना क्या मुझे है आज
ये अरमान रखता है

बनाये अन्न के दाने
बनाया पेट भी मेरा
हमारी गलतियों पर रोज
जीवन दान देता है

वो कण-कण में भी रहता है
मेरे भीतर भी रहता है
मेरे नौकर के माफिक वो
मेरा हर काम करता है

हर इक छण मेरे रग-रग में
समाया रोम में भी है
जो पूछूँ नाम क्या तेरा
खुद को भगवान कहता है

मेरी बातों को सुन लो आज

मेरी बातों को सुन लो आज
फिर बातें बनाना तुम
अगर झूठी लगे तुमको
तो कान्हा रूठ जाना तुम

तेरा आना न आना सब
तेरी मर्जी पर निर्भर है
मतङ्ग तो इक कटी पतंग सा है
लूट जाना तुम

तेरी ताकत, तेरी हरकत
तेरी रहमत, कयामत भी
भाग जाना हो गर हिम्मत
जिगर से भाग जाना तुम

फतह तुमने किया है आज
फतह तेरी ही कल होगी
फतह मुझपे न कर पाना
तो मुझसे हार जाना तुम

हैं तुमसे नफरतें भी, प्यार भी
इजहार भी तुमसे
जीते जी गर तुम न आये
तो फिर शमशान आना तुम

जलाना, गाड़ना या फिर
नदी में फेंक ही देना
बाद में कब्र पे मेरे
बैठ आँसू बहाना तुम

मुझे मालूम है तू ही

मुझे मालूम है तू ही
हर इक हरकत कराता है
मुझे मालूम है तू ही
मुझे तोहमत लगाता है
अदालत भी तुम्हारी है
तू ही है जज बना बैठा
मुझे मालूम है तू ही
सजाएं भी सुनाता है
मुकदमा मेरा भी है एक
बस माखन की चोरी का
नंद का लाला ग्वालों संग
साथ मिश्री की चोरी का
करो अब फैसला सचमुच
अगर कर पाओ तो जाने
ग्वाल-बालों को अपने संग
फंसाओ तो तुमको माने
तुम्हें हम जानते हैं तुम
हमारे यार हो कान्हा
तुम्हें हम जानते हैं तुम
मेरे सरकार हो कान्हा
लगाओगे गले हमको भी
माना कि मलिन मैं हूँ
जगह दोगे मुझे चरणों में
माना दीन भी मैं हूँ
कहाँ जाऊँ यहाँ से अब
मतङ्ग तुझको बुलाता है
चले आओ मेरा तुमसे
सात जन्मों का नाता है

रूप सलोना तेरा कान्हा

रूप सलोना तेरा कान्हा
मैं तो हुआ कुरूप
तू बन बैठा भूप द्वारिका
मैं मेढ़क बन कूप

क्या पहचान बताऊँ अपनी
तू ही जब निर्माता
भूख-प्यास किसको दिखलाऊँ
तू ही है जब दाता

तू निर्माता, भाग्य विधाता
जग दाता है तू ही
किससे तेरी करूँ शिकायत
जब अन्यायी तू ही

तू कहलाये कण-कण व्यापी
'कंस' कहाँ से आया
अपने नाम की तौहीनी पर
तनिक न तू शरमाया

जो बनते हैं तेरे पुजारी
भेद-भाव करते हैं
अर्थ-धर्म है बना रे कान्हा
क्या इसे धर्म कहते हैं

तेरी मंसा अगर नहीं तो
कैसे ये सब होता है
धरा पे जन्में जितने भी हैं
जब सब में तू होता है

कूटनीति अब मर्म-धर्म का
कहता हूँ दो टूक
हर इक डाल पे उल्लू बैठे
जगो प्रकृति के 'भूप'

मेरा वाजिब नहीं है अब

मेरा वाजिब नहीं है अब
तेरे दरबार में आना
तेरा वाजिब नहीं है अब
हमारे द्वार पे आना

तू छलिया है, माखन चोर है
गलियों का रे कान्हा
मुझे डर है मेरे दिल को
चुराकर कर भाग न जाना

हँसी वादी में हँसकर
लुट रहा मैं आज अपनों से
ये अपनापन दिखा करके
कहीं मुझे लूट न जाना

तेरे संसार में आया
बड़े विश्वास के संग मैं
हर तरफ झूठ और डर का
बना माहौल रे कान्हा

डरे, भयभीत हैं तेरे ही अपने
आज दुष्टों से
कहाँ है आ बचा सबको
मेरे मनमीत रे कान्हा

चरम विश्वास का अब
डगमगाता दिख रहा मुझको
तू अपनी लाज रखने को
मेरी लज्जा बचा जाना

करो कुछ इस तरह कि
आबरू मेरी, तुम्हारी अब
मिले मिट्टी न प्यारे
इक झलक अपनी दिखा जाना

बहुत दिनों से सोच रहा हूँ

बहुत दिनों से सोच रहा हूँ
तेरे दरश को आऊँ
सोचूँ तेरा पता पूछने
किस चौखट पर जाऊँ

तेरी चौखट जब-जब पहुँचा
लगा हुआ था मेला
मेले में तेरा **मतङ्ग** था
बिल्कुल खड़ा अकेला

भीड़ बहुत थी रे कान्हा
तेरे अपने वहाँ बहुत थे
अपना समझ के मैं भी था पर
मुझको नहीं दिखे थे

खुली आँख से मैंने देखा
मेले पर था मेला
इक पत्थर की मूरत थी
और ठेकेदार का खेला

आँख बंद कर जब भी देखा
लगा तू मेरे पास है
थी मेले की किसे जरूरत
जब तू मेरे साथ है

बैठ निरंतर भीतर देखूँ
तेरे दर्शन पाऊँ
मूक-बधिर सा देखूँ तुझको
कैसे गीत सुनाऊँ

नाम तेरे जितने हैं कान्हा

नाम तेरे जितने हैं कान्हा
सब बतलाए दूजे के
मैं तुझको क्या नाम दूँ पगले
तू ही बता सलीके से

मानेगा गर प्रजा तू मुझको
तुझको तेरा 'कर' दूँगा
गर मानेगा सखा तू मुझको
माखन, मिश्री भर दूँगा

अपनी बातें कहूँ मैं कैसे
सुन ले जैसे सुन पाए
मैं तो तुझको सखा ही मानूँ
कहता निजी तरीके से

खग जाने खग ही की भाषा
समझ ले यार मेरी मुझसे
गर तुझको अब लज्जा आये
देखूँ तुझे दरीचे से

अतिशय के लालच ने

अतिशय के लालच ने
हमको दानव बना दिया
वर्ना तो ऐसा क्या कान्हा
जो तूने नहीं दिया

पंचतत्व को समझ
परिंदों ने अपनाया
हम सबने बस लालच में
उनको भी है खाया

मानव को तो तूने ही
सर्वाधिक बुद्धि दिया
मानव ने दानव बनकर
तुझको ही बेंच लिया

तेरी बनाई मूरत को
धूरत अपमानित करते हैं
अपनी निज निर्मित मूरत का
पूजन अर्चन करते हैं

तेरी रचना से रे कान्हा
ये अपनी पूजा करवाते
झूमते मिलते मस्त मलंग से
धन में ध्यान लगाते

तू भी तो थक चुका ही होगा
अपनों की मनमानी से
होता तो अफसोस भी होगा
अपनी ही नादानी से

कैसी रचना तेरी हे प्रभु
तू ही उलझ गया इसमें
किसको-किसको तू मारेगा
खुद को तू कहता सबमें

तेरे बस का नहीं है कुछ भी
मैंने समझ लिया
कलयुग के कंसों के सम्मुख
'चक्र' भी छुपा दिया

तेरे बस का नहीं है कुछ भी
मैंने समझ लिया
कलयुग के कंसों के सम्मुख
'चक्र' भी छुपा दिया

कान्हा तुम पर कभी-कभी

कान्हा तुम पर कभी-कभी
संदेह भी होता है
'नन्हीं कलियाँ' रौंदी जातीं
तू कण-कण होता है

कान्हा तुम पर कभी-कभी
संदेह भी होता है
बेरोजगारों का अंतर्मन
यूँ जब-जब रोता है

कान्हा मुझको तुम पर भी
संदेह ही होता है
विद्वानों पर जब-जब
मूरख हावी होता है

बच्चा रोता है
माओं का शोषण होता है
बहन बेटियों का
निज स्वार्थ में पोषण होता है

कान्हा तुम पर मुझको कुछ
संदेह भी होता है
जीवन बीता जाए पर
साक्षात न होता है

हे कान्हा कुछ ऐसा कर दे

हे कान्हा कुछ ऐसा कर दे
मैं नौकर से मालिक न बनूँ
जब तू ही है मालिक सबका
तो क्यों न तेरा चाकर ही रहूँ

चाकर बनने में बड़ा मजा
तेरे चरणों को निज हाथ गहूँ
तू रहेगा तब तक मेरे हाथ
जब तक तुझको मैं छोड़ न दूँ

तेरे द्वारे पर मैं खड़ा रहूँ
सबकी नजरों में बड़ा रहूँ
तुझसे पहले स्वागत मेरा
तुझे मेरे सहारे खड़ा कहूँ

माखन, मिश्री का भोग लगे
सबसे पहले मुझको ही मिले
मैं खिलाऊँ तो ही तू पाए
वर्ना तू भूखा खड़ा मिले

पहले चख लूँ तब तुझको दूँ
जो गिर जाए उसको खा लूँ
तेरी थाल का जूठन भी खाऊँ
फिर तान के चादर पड़ा मिलूँ

अब तू ही बता कि किस मद में
मैं तुझसे छोटा लगता हूँ
तू मालिक भले ही हो कान्हा
पर मालिक मैं ही लगता हूँ

अंतिम इक्षा बस इक मेरी
पूरी कर दे तो यार कहूँ
जब भी आऊँ इस धरती पर
तेरे कदमों में ही पड़ा रहूँ

राधा तो तेरी है प्रेम दीवानी

राधा तो तेरी है प्रेम दीवानी
तू गोपिन संग में, रास रचाये
राधा मथे दधि, तेरे ही कारण
तू माखन मिश्री, चुराय के खाये

तू तो गवाँर, अहीर रे कान्हा
ग्वालन संग, नित गाय चराये
माखन-मिश्री के, लालच में तू
गोपिन द्वार पे, नाँच दिखाए

भेज दिए उद्धव जू को, राधा पे
ज्ञान पे ज्ञान रहे, बतराये
गोपिन प्रेम पगे, अस उद्धव
भूल गए, किस राह से आये

गाय चराते-चराते

गाय चराते-चराते
जब तुम थक जाना
तब कान्हा तुम
तुरत हमारे घर आना

कुछ फल छुपा के
मैंने रखा है
धुलकर, काट, छीलकर दूँगा
खा जाना

मुझको जब तुम
बिना खिलाये न खाते
तो कैसे मैं
तेरे बिन खा पाऊँगा

तू आएगा निश्चित है
मेरे द्वारे
मैं निर्धन कैसे
तेरे द्वारे आऊँगा

आकर खा ले
तुझे खिला दूँ तो खाऊँ
चला गया तेरे धाम
तो कैसे खिलाऊँगा

भूखा तू रह जायेगा
मेरी वजह से रे
मैं खुद को फिर
माफ नहीं कर पाऊँगा

गोपिन के पग धुल धरे सिर

गोपिन के पग धुल धरे सिर
झूमत प्रेम की बाट रे कान्हा
गोपिन के दधि, छाँछ की खातिर
दिन भर नाँच दिखावे रे कान्हा

मातु यशोदा हैं बाट जोहत
बिसरे घर-द्वार, न आवत कान्हा
चोरिन में पकड़े जो गये तब
भरि-भरि आंसु बहावे रे कान्हा

मूसल में बँध ऐसे खड़े जैसे
शेर के घर में सियार रे कान्हा
माता के हाथ से मार पड़े
खड़े रोते हैं जगदाधार रे कान्हा

कूद पड़े पुनि युद्ध में जाय के
इत उत खेल दिखावे रे कान्हा
गोवर्धन धरि कानी अंगुरिया पे
इंद्र का मान मिटावे रे कान्हा

करूँ बातें मैं तुझसे

करूँ बातें मैं तुझसे
या तेरा दीदार रे कान्हा
बता दे तू मुझे
तू किस जनम का यार रे कान्हा

न तुझको भूल ही पाऊँ
न तुझसे दूर जा पाऊँ
तेरी इस बेरुखी से मैं
न तेरे पास रह पाऊँ

करूँ नफरत तो आती तरस है
तुझपे रे बनवारी
अहम तुझमें क्यों है इतना
बना जबसे तू गिरधारी

सुना है बहुत सी बातें
तेरे बारे में मैंने भी
दिखे न एक भी सच्ची
लगे मुझको ये सरकारी

दिलों पे राज तेरा था
रहा होगा करें क्या हम
अगर तू इस जनम आये
तो समझूँ मैं तेरी यारी

उम्र से उम्र तक
ताउम्र बस बातें ही बातें हैं
किताबों में लिखी बातें
किताबी ज्ञान हैं भारी

तू ठग है भावनाओं का
तू ठग है वेदनाओं का
भरोसा फिर भी करता हूँ
मेरी आदत में है यारी

अगर तू सच है तुझमें गर
'जमीरी इल्म' है कान्हा
तू आकर मिल या फिर तुझको
कहूँ बकवास रे कान्हा